AF460963

MANUEL

ÉLÉMENTAIRE

DE PHOTOGRAPHIE

AU COLLODION HUMIDE.

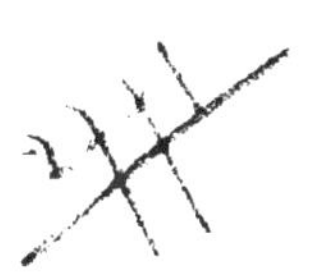

PARIS. — IMPRIMERIE DE GAUTHIER-VILLARS,
Quai des Augustins, 55.

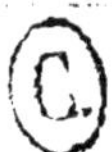

MANUEL
ÉLÉMENTAIRE
DE PHOTOGRAPHIE
AU COLLODION HUMIDE,
À L'USAGE DES COMMENÇANTS

PAR EUG. DUMOULIN.

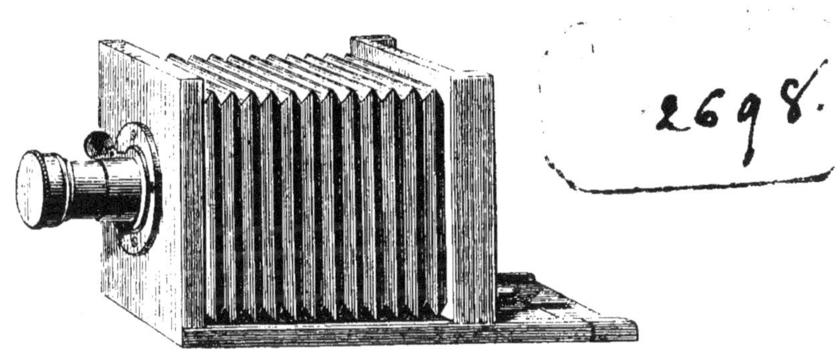

2698.

PARIS,
GAUTHIER-VILLARS, IMPRIMEUR-LIBRAIRE
DU BUREAU DES LONGITUDES, DE L'ÉCOLE POLYTECHNIQUE,
SUCCESSEUR DE MALLET-BACHELIER,
Quai des Augustins, 55.

1874

(Tous droits réservés.)

AVANT-PROPOS.

Ce petit Livre n'est pas un Traité scientifique, c'est un Manuel tout à fait élémentaire, destiné aux débutants dans l'art de la Photographie.

Nous nous sommes attaché à être le plus clair possible, ayant écarté tout ce qui aurait pu jeter de la confusion dans l'esprit des personnes qui ne sont pas habituées aux manipulations photographiques.

C'est dans ce but que nous n'avons donné qu'une seule formule pour chaque opération. Il en existe d'autres, tout aussi bonnes, bien certainement, mais celles que nous donnons sont celles que nous employons; nous sommes donc certain qu'on peut, en en faisant usage, obtenir un résultat satisfaisant. Nous sommes convaincu qu'il est impossible qu'une personne intelligente et soigneuse, se servant d'un bon appareil et de produits chimiques purs, n'arrive pas à faire des épreuves convenables, si cette personne suit à la lettre les instructions contenues dans ce petit Manuel.

Quand on aura pratiqué quelque temps, qu'on se sera familiarisé avec le procédé que nous décrivons, et qu'ayant pris goût aux opérations photographiques on voudra étudier un peu la théorie ou aborder des procédés plus difficiles ou plus minutieux, il sera bon de consulter des Ouvrages spéciaux, tels que la *Chimie photographique* de Barreswil et Davanne, ou le *Traité général de Photographie* de Monckhoven, Ouvrages dans lesquels on trouvera la description détaillée de tous les procédés et de toutes les formules employés, ou du moins les plus usités; car on pourrait presque dire qu'en Photographie chaque opérateur a son procédé particulier. Mais nous engageons fortement les débutants à s'habituer un peu aux manipulations et à se rendre compte pratiquement des opérations avant de consulter ces Ouvrages; de cette façon, ils seront beaucoup plus aptes à en comprendre tous les détails et à apprécier les avantages des divers procédés.

Eug. DUMOULIN.

MANUEL
ÉLÉMENTAIRE
DE PHOTOGRAPHIE
AU COLLODION HUMIDE.

NOTIONS PRÉLIMINAIRES.

La Photographie est l'art de fixer, par des procédés chimiques, l'image formée dans la *chambre noire* (1) par les rayons lumineux émanant des corps éclairés.

L'appareil photographique, dont nous parlerons plus tard en détail, produit l'image ; il ne s'agit donc plus que de la fixer : c'est là le but desprocédés photographiques.

Il existe aujourd'hui une foule de procédés photographiques, mais ils peuvent tous se résumer en deux opérations générales :

1° L'obtention d'une première épreuve dite *négative* ou *cliché;*

---

(1) C'est ainsi qu'on appelle l'appareil photographique.

2° L'obtention, à l'aide de cette première épreuve, d'une seconde épreuve, dite *positive.*

Dans l'épreuve négative (*fig.* 1), qui est toujours formée sur un corps transparent, les lumières, c'est-à-dire les parties éclairées, sont représentées par des

Fig. 1.

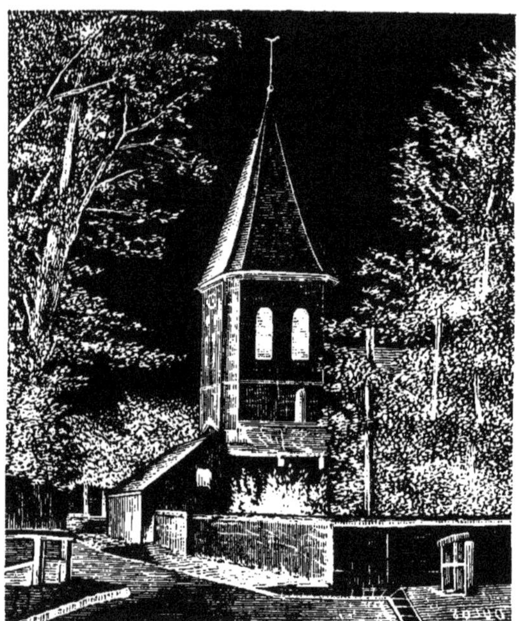

Épreuve négative.

ombres et les ombres sont représentées par des transparences ; de sorte que, si l'on place derrière cette épreuve négative une feuille de papier blanc léger et qu'on la regarde par transparence, on verra l'inverse de ce qui existe dans la nature.

Cette première épreuve se fait à l'aide de l'appareil photographique, en le braquant sur l'objet que l'on veut reproduire. Quand cette épreuve négative est obtenue, on peut produire un nombre illimité d'épreuves positives (*fig.* 2), c'est-à-dire d'épreuves redressées où les lumières et les ombres sont

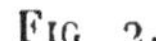

FIG 2.

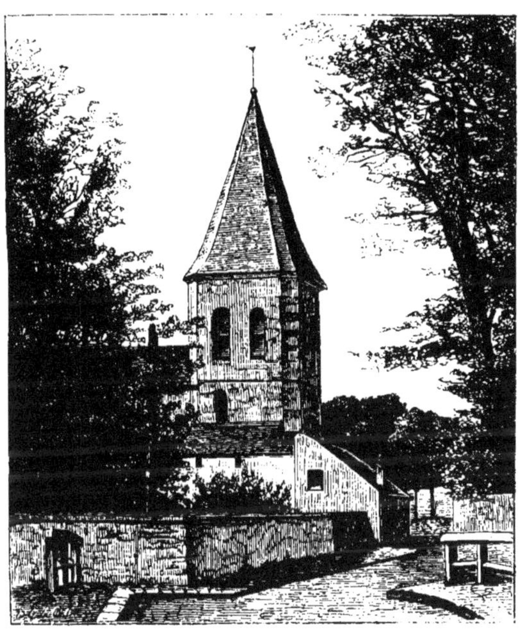

Épreuve positive.

remises à leurs places, et ces épreuves positives se produisent alors sans le secours de l'appareil photographique.

Nous ne nous occuperons, pour le moment, que des moyens d'obtenir l'épreuve négative.

Les procédés négatifs sont nombreux, mais tous sont basés sur un même principe, et le procédé qui permet le mieux d'étudier ce principe, c'est le procédé au *collodion humide*. C'est donc celui-là que nous étudierons et que nous conseillerons toujours de pratiquer avant d'en aborder aucun autre.

ÉPREUVES NÉGATIVES.

PROCÉDÉ AU COLLODION HUMIDE.

Pour opérer au collodion humide, il faut :

1° Le matériel et les produits chimiques dont nous donnons la liste plus loin ;

2° Un cabinet noir appelé aussi *laboratoire ;*

3° Un atelier.

Le matériel et les produits chimiques sont indispensables ; le laboratoire peut s'installer à peu près partout, comme nous l'indiquons plus loin, et, quant à l'atelier, on peut, à la rigueur, s'en passer pour les premiers essais de photographie ; nous parlerons, du reste, des moyens d'y suppléer.

DU MATÉRIEL ET DES PRODUITS CHIMIQUES.

En tête du matériel, nous placerons la *chambre noire* et l'*objectif,* qui, réunis, constituent l'appareil photographique (*fig.* 3).

Nous engageons les commençants à se munir d'un appareil bien fabriqué et à ne pas faire d'économie sur l'achat de cette pièce, la plus importante de tout le matériel.

Nous ne décrirons pas la chambre noire, attendu que, puisqu'il est impossible de faire de la photographie sans cette pièce, il faut nécessairement s'en procurer une et que l'examen de l'appareil même vaut mieux que toutes les descriptions possibles.

Fig. 3.

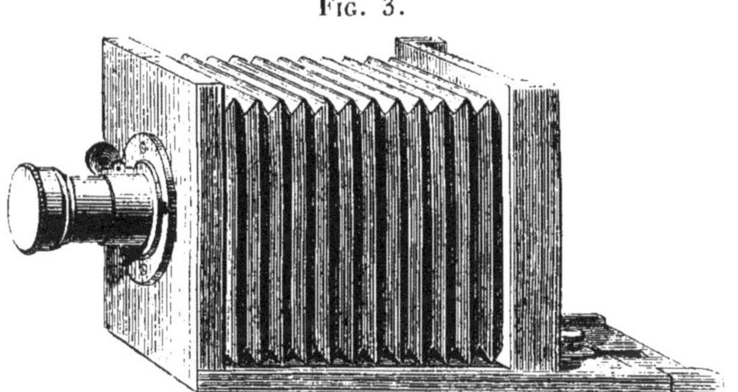

Appareil photographique.

L'emploi de cet appareil est, du reste, des plus simples, et, à première vue, on en comprend le maniement. Nous dirons, néanmoins, que généralement les chambres noires qu'on trouve chez les fabricants d'appareils sont accompagnées d'un châssis à glace dépolie et de deux châssis à épreuves, et qu'il est important d'avoir deux châssis à épreuves au lieu d'un, attendu qu'en cas d'accident à l'un des deux on ne se trouve pas interrompu dans son travail.

On fait des chambres noires de deux sortes, à *tiroir* et à *soufflet;* la chambre noire à tiroir est à peu près abandonnée aujourd'hui ; on se sert généralement des chambres à soufflet, qui présentent l'avantage d'être beaucoup moins encombrantes et plus portatives et de se déformer beaucoup moins que les chambres à tiroir. Nous engageons donc à donner la préférence à la chambre noire à soufflet, et nous engageons également à prendre une chambre carrée, ce qui permet, sans déplacer l'appareil, de faire des épreuves en hauteur ou en largeur.

C'est ici le moment de parler des dimensions adoptées en photographie. On désigne les appareils d'après la grandeur de l'épreuve qu'ils peuvent fournir.

On appelle appareil *quart de plaque* l'appareil qui fournit une épreuve de 9 centimètres sur 12; on appelle appareil *demi-plaque* celui qui fournit une épreuve de 13 centimètres sur 18; et enfin on appelle appareil *plaque normale* ou *plaque entière* celui qui fournit des épreuves de 18 centimètres sur 24.

Il existe des grandeurs au-dessus, mais nous nous arrêterons là et nous conseillerons même aux débutants de ne pas se servir, pour commencer, d'appareils plaque normale; car, pour bien réussir avec cette dimension de plaque, il faut déjà avoir une certaine habitude des manipulations photographiques.

Nous engageons donc à se servir, pour débuter, soit du quart de plaque, soit de la demi-plaque. Si l'on ne veut faire de la photographie que pour étudier les procédés, sans attacher d'importance aux sujets qu'on reproduit, on peut se contenter du quart de plaque. Si, au contraire, on se propose de faire des sujets présentant un certain intérêt, et si, surtout, on désire faire le portrait, il sera préférable de prendre la demi-plaque; car, avec un quart de plaque, il n'est pas possible d'obtenir un portrait en pied de la grandeur du portrait carte de visite, bien net des pieds à la tête.

L'objectif doit être de premier choix; il faut donc se garder d'employer des objectifs douteux, comme ceux qu'on peut trouver à acheter d'occasion, et ne se servir que d'objectifs sortant d'une bonne maison, essayés et garantis.

L'objectif doit être simple ou double, selon qu'on se propose de faire des vues ou des reproductions de gravures, ou selon qu'on veut faire le portrait. L'objectif simple exige toujours une pose plus longue que l'objectif double, mais il ne déforme pas l'image comme l'objectif double; c'est-à-dire que si l'on prend la vue d'une maison, par exemple, avec un objectif double, cette maison aura la forme d'un pain de sucre : elle sera large à la base et étroite au sommet, tandis qu'avec un objectif simple la direction des lignes est conservée. L'objectif double est indispensable pour le portrait;

outre la rapidité, chose essentielle dans ce cas, il présente sur l'objectif simple l'avantage de donner plus de modelé, ce qui est très-important pour le portrait.

Comme il est rare qu'on se borne, en photographie, à un genre spécial, nous conseillerons de prendre un objectif double, mais pouvant se dédoubler et servir à la fois pour le portrait et pour le paysage. (Pour la reproduction de gravures, dessins, etc., on emploie l'objectif simple comme pour le paysage.)

Les objectifs sont toujours accompagnés d'une série de petits disques en cuivre noirci, percés d'un trou au milieu. Ces disques s'appellent des *diaphragmes*. Ces diaphragmes se placent près de l'objectif pour obtenir plus de finesse, et plus l'ouverture du trou percé au milieu du diaphragme est petite, plus la finesse de l'image est grande, mais, en même temps, plus la pose doit être longue. Un diaphragme augmente donc toujours la pose et, comme nous venons de le dire, la longueur de la pose est en raison inverse de la grandeur de l'ouverture du diaphragme.

Quand l'objectif est vissé sur la chambre noire et qu'on braque l'appareil ainsi disposé sur un objet éclairé, on voit se former sur la glace dépolie qui se trouve à l'arrière de l'appareil l'image renversée des objets sur lesquels a été dirigé l'objectif; mais cette image est plus ou moins nette, et il faut allonger ou raccourcir la chambre jusqu'à ce que l'image soit parfaitement nette ; c'est ce qu'on appelle *mettre au point*, et la distance qui existe alors entre l'objectif et la glace dépolie représente la longueur du *foyer* de l'objectif. On appelle *foyer* l'endroit où se forme l'image nette.

Mais on remarquera que si l'on obtient une image bien nette d'un objet qui se trouve à 10 mètres, par exemple, un autre objet se trouvant à 100 mètres sera trouble, et que si, au contraire, on obtient l'image nette de l'objet qui se trouve à 100 mètres, celle de l'objet placé à 10 mètres sera trouble. On voit donc par là qu'on ne peut obtenir une image avec la finesse voulue que des objets qui se trouvent sur le même plan. Cela n'a pas d'inconvénient pour le portrait ; on s'attache généralement à obtenir l'image bien nette des yeux et, par conséquent, tout le visage, qui peut être considéré comme étant sur le même plan, est net, ou, comme on dit en photographie, est au point ; mais pour le paysage, c'est autre chose, et là il se présente divers plans qui, tous, sont aussi intéressants les uns que les autres ; il est donc important de les obtenir tous avec une netteté convenable. Dans ce cas, si l'on se contentait d'opérer avec un objectif sans diaphragme, on n'arriverait pas à ce résultat ; si, par exemple, l'horizon était au point, les premiers plans n'y seraient pas, et *vice versa*. C'est donc au moyen d'un diaphragme qu'on remédie à cet inconvénient, et alors la netteté est presque générale, ou du moins la différence de netteté est peu appréciable et d'autant moins que l'ouverture du diaphragme est plus petite.

Voilà ce que nous avions à dire sur la chambre noire et l'objectif. Nous allons maintenant continuer l'énumération des autres objets nécessaires au procédé dont nous nous occupons.

Il faut encore :

Un pied en bois pour supporter l'appareil. Ce pied doit être assez fort pour ne pas remuer quand l'appareil est posé dessus, même en campagne et par les plus grands vents, et il doit pouvoir se replier de façon à être très-transportable.

Une boîte en bois à rainures contenant douze glaces. Nous ferons remarquer ici qu'en photographie on appelle toujours *glaces* les lames de verre ou de glace sur lesquelles on fait des épreuves négatives. La glace véritable est préférable, mais, comme elle est d'un prix très-élevé, on la remplace souvent par du verre de premier choix exempt de bulles et le plus blanc possible. Dans tous les cas, les côtés de ces glaces doivent être rodés, c'est-à-dire usés à la meule pour ne pas présenter d'arêtes vives; c'est, du reste, ainsi qu'on les trouve chez les fabricants d'articles pour la photographie.

Une planchette à nettoyer les glaces;

Une cuvette en porcelaine, à recouvrement;

Une cuvette en porcelaine, simple ;

Une plaque en carton assez grande pour recouvrir largement la cuvette à recouvrement ;

Un crochet, soit en corne, soit en argent ;

Un crochet en bois ;

Une pince en bois ;

Un flacon en verre jaune contenant au moins : pour $\frac{1}{4}$ de plaque, 200 grammes de bain d'argent négatif ; ou, pour $\frac{1}{2}$ plaque, 300 grammes de bain d'argent négatif ;

Trois entonnoirs en verre ;

Deux verres dits *verres à expériences ;*

Un flacon de collodion ioduré, bouché à l'émeri ;

Un autre flacon même genre, mais vide ;

Un pinceau appelé *blaireau ;*

Un flacon en verre ordinaire, contenant 500 grammes de liqueur à développer (*bain de fer*) ;

Un flacon en verre ordinaire, contenant 500 grammes de liqueur à fixer (*hyposulfite de soude*) ;

Une carafe à laver ;

Deux terrines ordinaires ;

Des filtres en papier ;

Du papier joseph ;

Du coton cardé de premier choix ;

Un flacon de vernis ;

Un flacon d'acide nitrique ordinaire (300 grammes environ) ;

Un flacon d'alcool (250 grammes environ) ;

Une mesure graduée en verre ;

Des balances avec leurs poids (pouvant peser 200 grammes);

Un séchoir en bois pour placer les glaces;

Un porte-entonnoirs;

Un voile opaque en étoffe légère.

Nous indiquerons plus loin la composition des liqueurs et l'emploi des divers objets.

DU CABINET NOIR.

Le *cabinet noir*, ou *laboratoire*, est l'endroit où doivent se faire toutes les opérations qui demandent à être faites à l'abri de la lumière, du moins de la lumière du jour, qui exerce une influence sur les sels d'argent. C'est un cabinet qui doit être assez grand pour que, après y avoir posé des tablettes à hauteur des mains, on puisse encore s'y mouvoir commodément. Ce cabinet ne doit recevoir de jour que par une petite fenêtre garnie d'un carreau de couleur jaune orangé. La lumière qui passe au travers d'un carreau de cette couleur n'a plus d'action sur les sels d'argent. Nous ferons remarquer cependant qu'il ne faut pas que le soleil frappe sur ce carreau et que, s'il en était ainsi, il faudrait mettre une feuille de papier blanc transparent devant ce carreau. La porte du cabinet noir doit s'ouvrir et se fermer facilement et ne laisser passer aucun jour par les fentes du bois ou les fissures du chambranle; il est plus prudent, du reste, de placer devant un rideau épais. Il faut aussi boucher avec soin tous les jours qui pourraient exister autour de la fenêtre, de façon que le jour n'arrive absolument qu'au travers du carreau jaune. Autant que possible, il faut avoir dans le cabinet noir un évier communiquant par un tuyau avec l'extérieur.

On voit par là qu'il est très-facile de transformer une cuisine ordinaire en laboratoire; il suffit de boucher une partie des vitres avec des écrans opaques ou des rideaux assez épais pour ne pas laisser passer de lumière, et de recouvrir un des carreaux avec un châssis mobile garni de papier jaune orangé. (On trouve dans le commerce du papier fabriqué spécialement pour cet usage.) Ce châssis doit être plus grand sur tous les sens que le carreau qu'il doit masquer. Il faut avoir soin que la lumière ne pénètre par aucun autre endroit; il serait donc nécessaire, dans ce but, de boucher l'ouverture de la cheminée, dans le cas où, par cette ouverture, il viendrait du jour.

On peut encore se servir d'un cabinet complétement obscur, mais alors on est obligé d'avoir constamment une lampe allumée ou un éclairage quelconque, et, dans ce cas, le luminaire qu'on emploie doit être entouré, soit de verres jaunes, soit de papier de même couleur. Si l'on se sert d'une bougie, lampe, lanterne, etc., dans le laboratoire, il faut avoir soin de ne jamais approcher trop près de cette lumière le collodion ou l'éther, liquides qui s'enflamment très-facilement et qui pourraient produire une explosion si des vapeurs de ces liquides s'étaient répandues dans le cabinet, ce qu'il faut éviter en ayant la précaution de tenir toujours bouchés les flacons qui renferment ces substances.

Quel que soit l'endroit qui serve de laboratoire, il faut, s'il ne s'y trouve pas un évier, avoir un grand baquet ou un grand seau pour recevoir les eaux de lavage et autres liquides. Quand on fait beaucoup de photographie, on a intérêt à conserver tous les résidus, afin d'en retirer l'argent qui se trouve entraîné, et dans ce cas on recueille tous les liquides dans un vase spécial, où l'argent se dépose à l'état de combinaison.

Il faut aussi, dans le laboratoire même ou près de l'entrée, avoir une fontaine ou tout autre réservoir contenant de l'eau, liquide dont on a besoin à chaque instant pendant les opérations photographiques.

DE L'ATELIER.

Pour faire le paysage, l'atelier est complétement inutile; au contraire, il est indispensable quand on se propose de faire le portrait ou les reproductions de dessins, tableaux, etc.

Dans un atelier de photographie, il faut que le jour vienne du haut en même temps que de côté, et qu'en outre on puisse, à l'aide de rideaux et d'écrans transparents disposés convenablement, arriver à tamiser la lumière dans les endroits où elle arriverait trop abondamment, et à l'augmenter, au contraire, à l'aide d'écrans réflecteurs, là où elle manquerait d'intensité. En d'autres termes, il faut, pour que le modèle que l'on veut reproduire vienne se peindre dans l'appareil avec tout le modelé nécessaire, que ce modèle soit éclairé de façon qu'une lumière douce mais abondante l'enveloppe de toutes parts, et qu'on puisse néanmoins conserver d'un côté un éclairage dominant afin d'éviter l'uniformité. C'est assez dire que, pour construire un atelier de photographie dans de bonnes conditions, il faut posséder certaines connaissances artistiques et pratiques qu'il serait trop long de détailler ici, et nous engageons les personnes qui seraient disposées à faire les frais de cette installation, assez coûteuse du reste, à consulter auparavant un des Ouvrages spéciaux que nous avons cités, et notamment celui du D[r] van Monckhoven.

Il ne faut pas croire, du reste, qu'il suffit d'avoir un atelier parfaitement installé pour faire un portrait artistique : il faut encore savoir se servir à propos des rideaux et des écrans, et ménager les effets de lumière et d'ombre de manière à produire des effets harmonieux. C'est le goût et le sentiment artistique de l'opérateur qui doivent le guider dans cette circonstance.

On ne peut guère, sur cette matière, que donner des conseils bien vagues et généraux, tels que d'éviter les éclairages trop vifs, qui feraient ressortir un seul côté du modèle en laissant l'autre côté dans l'ombre; d'éviter aussi l'effet contraire, c'est-à-dire l'éclairage uniforme, qui ne donnerait pas un modelé convenable, et enfin de ne pas laisser tomber sur le modèle un jour d'aplomb trop intense, car, dans ce cas, les parties supérieures ne présenteraient, dans l'épreuve terminée, qu'une place blanche d'un effet détestable.

Nous conseillerons aux commençants qui désireront faire le portrait de chercher à trouver un atelier tout installé où ils pourront travailler, ou, s'ils ont à leur disposition, soit une terrasse, soit un jardin, de procéder de la manière suivante :

On choisit un pan de mur sur lequel le soleil ne vienne pas frapper, ou, au moins, ne vienne pas au milieu de la journée. Perpendiculairement à ce mur, à $2^{m},50$ environ du sol, on dispose un écran horizontal formé d'une étoffe transparente blanche ou bleu clair tendue sur un cadre de bois. Cet écran est destiné à atténuer la lumière écrasante qui tomberait d'aplomb sur le modèle, et qui occasionnerait un éclairage trop dur. On peint le mur en couleur grise assez claire, en ayant soin de ne pas employer de peinture à l'huile, dont le reflet luisant produit un mauvais effet; il faut que la couleur soit tout à fait mate. Le moyen le plus simple est d'avoir un grand panneau mobile peint en gris que l'on applique sur le mur avant de commencer à travailler, et qu'on peut enlever pour le resserrer quand on a fini. Il est bon aussi que le châssis horizontal soit mobile, afin de ne pas le laisser exposé à la pluie qui le détériorerait rapidement, ni à la poussière qui le salirait.

D'autre part, on construit de grands écrans mobiles en forme de paravents, composés d'étoffe ou de papier tendus sur des cadres en bois. Ces écrans sont destinés soit à refléter la lumière pour la projeter là où elle fait défaut, et dans ce cas ils doivent être blancs, soit à arrêter ou tamiser la lumière là où elle arrive en trop grande abondance, et dans ce cas ils doivent être ou tout à fait opaques, ou en étoffe ou en papier transparents plus ou moins épais, selon l'usage auquel on les destine.

Cette installation ne vaut pas un atelier, mais on peut, néanmoins, obtenir ainsi de très-bons portraits.

DE L'INSTALLATION GÉNÉRALE.

S'étant procuré tous les objets que nous avons désignés, voici comment on les dispose : on laisse, autant que possible, en dehors du laboratoire tout ce qui n'y est pas nécessaire, afin d'éviter l'encombrement, et les objets qui n'ont pas besoin d'y être placés sont les suivants :

L'appareil, le pied, la boîte et les glaces, le support à nettoyer, un des entonnoirs, les filtres, le papier joseph, le coton cardé, l'acide nitrique, l'alcool, le voile, les balances, la mesure graduée, la pince et le crochet en bois (celui en corne ou en argent devra être déposé dans le laboratoire), le séchoir à glaces, la cuvette ordinaire en porcelaine et le flacon de vernis. Ces divers objets seront disposés comme l'on voudra, cela n'a aucune importance; il n'en est pas de même des autres objets, qui doivent être placés dans le laboratoire. Ceux-ci doivent avoir leur place attitrée et être toujours remis à cette même place.

A environ 1 mètre du sol, on posera dans le laboratoire des tablettes d'une largeur de 35 à 40 centimètres; au-dessus, à 70 centimètres environ, on posera une autre rangée de tablettes, mais beaucoup plus étroites, 15 à 20 centimètres de large. Dans un angle du laboratoire, on adoptera une place pour la cuvette à recouvrement; le support à entonnoirs, avec le flacon de bain d'argent, sera placé sur la seconde tablette au-dessus. A côté de la cuvette, en revenant vers le milieu du laboratoire (et il faudrait, autant que possible, que ce milieu fût près du carreau), on laissera sur la tablette du bas un emplacement libre, et au-dessus, sur la seconde tablette, on posera le flacon de collodion et l'autre flacon pareil vide. Après cet emplacement libre, on posera une des deux terrines, et au-dessus, sur la deuxième tablette, le bain de fer et un des deux verres à expériences; puis, sur cette même tablette, à côté du verre à expériences, la carafe à laver; enfin, dans l'angle tout à fait opposé à la cuvette au bain d'argent, on placera, sur la tablette du bas, la deuxième terrine, et l'on placera au-dessus, sur la petite tablette, le flacon de liqueur à fixer et le second verre à expériences. A terre, à l'endroit où se trouvent les terrines, on placera le seau ou baquet destiné à recevoir les eaux. La plaque de carton sera déposée sur la cuvette, le crochet (celui en corne ou en argent) posé sur cette plaque de carton, et le blaireau accroché à un petit clou fixé à la seconde tablette, là où se trouve le flacon de collodion.

Voilà comment tout ce qui est dans le laboratoire doit être rangé, et, quand on cesse de travailler, on doit remettre à leur place respective tous les objets qui ont été dérangés, après avoir lavé avec soin tout ce qui est susceptible de s'être sali, tels que les verres, cuvettes, etc. On emploie à cet effet, d'abord le papier joseph, puis ensuite un linge bien propre et sans pluches.

Une des premières conditions pour réussir en photographie est d'apporter beaucoup de soins et une excessive propreté dans toutes les manipulations et dans l'entretien des ustensiles. Il faut aussi beaucoup d'ordre, et nous conseillons d'étiqueter soigneusement tous les flacons, cuvettes et entonnoirs, et surtout de ne pas les changer de destination. Il est essentiel de bien observer toutes ces recommandations si l'on veut éviter les insuccès.

DES OPÉRATIONS PRÉLIMINAIRES.

Le nettoyage des glaces étant une opération assez longue, il est bon de la faire à l'avance. Nous ne saurions trop recommander de nettoyer les glaces avec le plus grand soin; c'est un point très-important, attendu qu'il est impossible d'obtenir une bonne épreuve sur une glace mal nettoyée. Si cette opération n'a pas été convenablement faite, une foule de taches apparaissent quand l'épreuve est terminée, et des traces qu'on distinguait à peine auparavant deviennent très-visibles.

Voici un des meilleurs moyens d'arriver à un nettoyage parfait (*fig. 4*): on place la glace à nettoyer sur le support en bois destiné à cet usage, et l'on en serre la vis pour maintenir la glace; puis on délaye sur une assiette un peu de blanc d'Espagne dans de l'eau, de façon à former une bouillie assez liquide; on fait un tampon de coton, on l'imbibe de cette bouillie, et l'on frotte la glace en tournant toujours et en promenant le tampon sur toutes les parties de la glace; on laisse sécher, on passe un autre tampon sec en frottant de façon à enlever tout le blanc d'Espagne; puis on desserre la vis, on retourne la glace, et l'on fait la même opération sur l'autre face. Les deux faces étant ainsi nettoyées, on les essuie parfaitement avec un linge très-propre. On verse

Fig. 4.

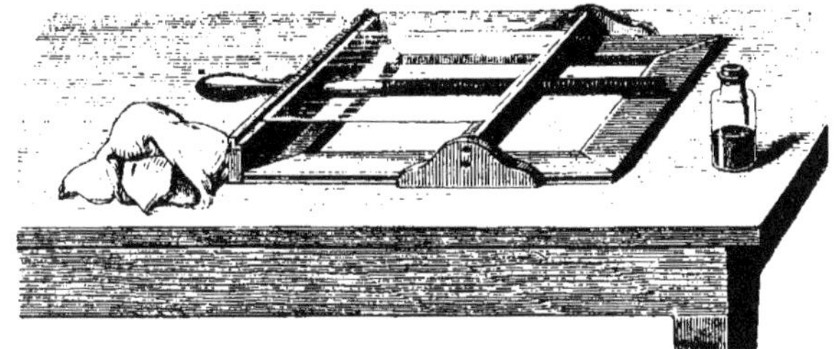

Nettoyage de la glace.

alors dans la cuvette ordinaire en porcelaine de l'acide nitrique étendu de moitié d'eau, et l'on y plonge la glace qu'on vient de nettoyer; on l'y laisse cinq minutes environ, on la retourne, on la laisse encore cinq minutes, on l'enlève de l'acide à l'aide du crochet en bois et de la pince, et on la plonge dans de l'eau pure pour bien la rincer; quand elle est suffisamment rincée, on l'essuie avec un linge bien propre et on la met dans la boîte à glaces.

Le nettoyage dont nous venons de parler peut se faire très-longtemps à l'avance, mais il faut encore que les glaces soient encore passées à l'alcool, et cette dernière opération ne doit se faire que quelques heures avant de se servir des glaces. Voici comment on procède : on fixe la glace sur le support à nettoyer, et l'on verse à sa surface quelques gouttes d'alcool; puis, à l'aide d'un tampon de coton, on frotte, en tournant, sur toutes les parties de la glace, comme pour le blanc d'Espagne; quand l'alcool est évaporé, on frotte de nouveau avec un tampon sec, toujours de coton, et l'on recommence la même opération sur l'autre face. La glace est alors remise dans la boîte, et cette fois elle est complétement nettoyée et prête à être employée.

Quand on se dispose à opérer, la première chose à faire est de filtrer le bain d'argent; à cet effet, on découvre la cuvette (que nous supposons être d'une propreté irréprochable), on descend le support à filtrer, on le dispose au-dessus de la cuvette, on place dessus l'entonnoir au bain d'argent garni d'un filtre, et on verse le contenu du flacon sur le filtre. Au bout de quelques instants, le bain est passé; on enlève alors l'entonnoir du support, on le place à égoutter sur le flacon au bain d'argent, et l'on remonte ce flacon surmonté de l'entonnoir, ainsi que le support, sur la petite tablette. Il ne reste donc en bas que le bain d'argent, que l'on a soin de recouvrir avec la plaque de carton, afin de le garantir des poussières ou des éclaboussures. Disons, en passant, qu'une seule goutte du bain d'hyposulfite de soude (fixatif), tombant dans le bain d'argent, suffirait pour l'altérer au point de ne pouvoir plus servir.

Il est très-important que dans le laboratoire

chaque objet soit bien exactement remis en place, parce qu'il arrive souvent que l'éclairage est très-faible et qu'on a peine à distinguer les objets; il faut donc que la main les trouve par habitude, sans que les yeux aient à les chercher.

Les glaces étant nettoyées et le bain d'argent filtré, il ne reste plus qu'à opérer : c'est ce dont nous allons nous occuper.

DE LA MANIÈRE D'OPÉRER.

Pour opérer, il faut commencer par mettre *au point*, c'est-à-dire disposer l'appareil de façon que l'image de l'objet qu'on veut reproduire vienne se peindre sur la glace dépolie avec la plus grande netteté possible.

A cet effet, après avoir vissé l'objectif à la chambre noire et avoir monté celle-ci sur le pied, on braque l'objectif sur l'objet à reproduire.

Si l'on veut faire une vue, on se sert, comme nous l'avons indiqué, de l'objectif simple et d'un diaphragme, et dans ce cas on met au point un objet placé sur un plan intermédiaire.

Si c'est une reproduction de gravure, on se sert encore de l'objectif simple et d'un diaphragme, et l'on met au point le centre de la gravure. Mais si c'est un portrait qu'on veut faire, on se sert alors de l'objectif double et sans diaphragme, et l'on met au point les yeux de la personne qui pose.

Pour les portraits, nous conseillerons aux commençants de faire d'abord des portraits assis et de ne faire que le buste; ils éviteront ainsi bien des difficultés que présentent les portraits debout et en pied.

Pour mettre au point, après avoir braqué l'objectif sur l'objet à reproduire, on se pose à l'arrière de l'appareil, derrière la glace dépolie; on jette sur sa tête le voile noir, de façon qu'il recouvre en même temps l'arrière de l'appareil, afin d'empêcher le jour de frapper sur la glace dépolie, et on retire l'*obturateur*. (C'est ainsi qu'on appelle le bouchon de l'objectif.)

Allongeant alors ou raccourcissant la chambre, on arrive à obtenir l'image de l'objet sur la glace dépolie, et par tâtonnements on obtient la plus grande netteté possible. Quand on est arrivé au point voulu, on serre l'écrou qui se trouve au bas de la glace dépolie pour que celle-ci ne se dérange plus.

Nous supposerons l'appareil convenablement disposé, et nous allons commencer la préparation de la glace.

Après avoir pris dans la boîte une glace nettoyée comme nous l'avons indiqué, on referme la boîte pour que la poussière ne tombe pas sur les autres glaces, et l'on transporte dans le laboratoire la glace sur laquelle on veut opérer, en ayant le soin de la tenir par un angle et en se gardant bien de poser les doigts au milieu, au moins du côté qui doit recevoir la préparation.

Il est préférable, quand la grandeur des glaces le permet, de les prendre avec la main ouverte, en serrant seulement la tranche; de cette façon, on ne touche que le bord du verre et l'on ne court pas le risque de faire des taches. La glace étant transportée dans le laboratoire, on en ferme la porte, et quand les yeux se sont habitués à la demi-obscurité qui y règne, on procède au collodionnage de la glace, opération qui présente quelque difficulté pour commencer, mais dont, avec un peu d'adresse, on se rend bientôt maître. C'est un petit tour de main auquel il faut s'habituer.

On commence par descendre le flacon de collodion et l'autre flacon pareil vide sur la grande tablette, puis on débouche le flacon de collodion en prenant la précaution de passer le doigt sur le goulot, et de rejeter en dehors toutes les pellicules qui pourraient s'y trouver, afin que le liquide coule librement sans entraîner d'impuretés; on débouche également l'autre flacon, mais il est inutile pour celui-ci de prendre les mêmes précautions.

Prenant alors la glace de la main gauche, on la tient par l'angle gauche du bas, en ayant soin de ne pas trop avancer les doigts sur la glace, et l'on passe légèrement le blaireau sur le côté de la glace qui doit recevoir le collodion, c'est-à-dire celui qui est tourné en dessus.

On raccroche le blaireau, puis, continuant de la main gauche à tenir la glace horizontalement, on prend de la main droite le flacon contenant le collodion et on le verse sur la glace, en évitant de le verser de trop haut et en observant les recommandations suivantes : le collodion doit être versé du côté droit, vers le haut de la glace, sans cependant être trop près de l'angle; il faut verser sans temps d'arrêt la quantité suffisante pour couvrir la glace entièrement; c'est par l'habitude qu'on arrive à connaître cette quantité; mais, dans tous les cas, il vaut toujours mieux en verser trop que trop peu. La quantité nécessaire étant versée, on penche la glace de façon à couvrir l'angle droit du haut, puis on incline alors légèrement la glace du côté gauche, pour que le collodion aille couvrir l'angle de ce côté, ensuite on relève un peu la glace afin que le collodion descende et vienne couvrir le milieu et l'angle gauche du bas; et enfin on le fait arriver à l'angle droit du bas, par lequel l'excédant doit s'écouler. Pendant ce temps, le collodion, opérant le mouvement que nous venons de décrire et s'étendant en rond dans tous les sens, est venu couvrir le milieu de la glace, du côté droit, et la portion de collodion qui a tourné rejoint, vers le bas, la portion qui n'a fait que s'étendre en rond; la glace se trouve donc couverte entièrement.

A ce moment, on penche la glace de façon que la couche s'égalise et que l'excédant s'écoule par l'angle droit du bas qu'on pose au-dessus du flacon vide, en ayant soin d'agiter la glace doucement de droite à gauche (*fig.* 5). Sans cette précaution, la couche formerait des stries. Quand la glace s'est suffisamment égouttée, on la tient de la main gauche sens

Fig. 5.

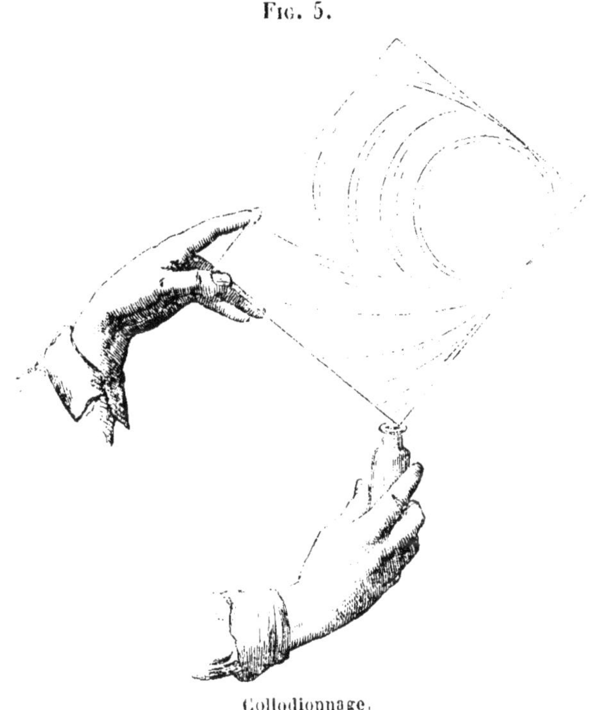

Collodionnage.

dessus dessous, afin que la poussière ne tombe pas à la surface, et on l'agite légèrement. Pendant ce temps, de la main droite, on rebouche les deux flacons.

L'essentiel dans l'opération du collodionnage, c'est que le collodion s'étende partout sur la surface de la glace, sans temps d'arrêt, ce qui amènerait des bourrelets, et sans que le collodion revienne sur lui-même. Il faut que le liquide, une fois versé, coule régulièrement et en avançant toujours jusqu'à ce qu'il arrive à l'angle par lequel doit s'écouler l'excédant. Cet excédant est presque nul quand on a l'habitude de cette opération, mais il n'y a pas d'inconvénient à verser une trop grande quantité de collodion sur la glace et, quand on débute, il est préférable d'exagérer la quantité que d'en verser trop peu, car dans ce dernier cas la glace n'est pas entièrement couverte et, si l'on versait à plusieurs reprises, la couche de collodion n'aurait aucune uniformité et ne pourrait donner qu'une épreuve complétement manquée.

Nous devons faire observer ici que le collodion est un liquide extrêmement volatil, et que toutes ces opérations doivent être faites assez vivement, afin que la couche n'ait pas le temps de trop sécher.

La glace collodionnée doit être plongée dans le bain d'argent, avant d'être complétement sèche, mais cependant il ne faut pas la plonger immédiatement après que le collodion vient d'être versé; il y a là un temps d'arrêt qu'il est difficile de définir et qui varie suivant la saison. Plus il fait chaud, plus il faut que ce temps soit court; et en été le temps que demande l'opération du collodionnage et de l'égouttage suffit à peu près pour que le collodion soit dans un état convenable pour être plongé dans le bain d'argent; en hiver, il faut attendre quelques secondes.

La glace étant à point pour être sensibilisée (c'est-à-dire plongée dans le bain d'argent), on découvre le bain d'argent, puis on met une cale sous la cuvette, du côté opposé au recouvrement; le bain se retire conséquemment dans le recouvrement. Prenant alors la glace de la main gauche par l'angle gauche du haut, on en pose le bas dans la cuvette, dans le bout qui se trouve à sec, en ayant soin que la face collodionnée se trouve en dessus; on pose derrière la glace, en haut, le crochet que l'on tient de la main droite, et, quittant alors la glace, de la main gauche on abaisse la glace en la soutenant de la main droite, à l'aide du crochet. Pendant ce temps, de la main gauche on retire la cale, en maintenant légèrement la cuvette pour éviter les secousses, et le bain d'argent, revenant vers le côté qui était à sec, couvre d'un coup la glace qui se trouve à plat au fond de la cuvette. On retire alors le crochet, on recouvre le bain et on laisse ainsi la glace plongée dans le bain d'argent. Quand il fait chaud, ces divers mouvements doivent être exécutés assez rapidement pour que le collodion n'ait pas le temps de sécher, ce qui diminuerait beaucoup la sensibilité.

La glace collodionnée étant restée une minute environ dans le bain d'argent, on la relève à l'aide du crochet et l'on examine si le liquide à sa surface présente des traînées huileuses; dans ce cas, on la replonge dans le bain et on l'y laisse encore une demi-minute environ. On la retire définitivement quand la couche présente une nappe blanche opale, bien uniforme, sans aspect graisseux.

Quand on retire la glace du bain, on la tient par un angle et on la laisse quelque temps au-dessus du bain, afin de la faire égoutter.

Au sortir du bain d'argent, la glace est *sensibilisée,* c'est-à-dire qu'à sa surface s'est formée une couche sensible à l'action de la lumière. Il faut donc dès ce moment avoir soin de l'éloigner le plus possible du luminaire, si le laboratoire est éclairé par une lumière artificielle, ou de ne pas la présenter de face devant le carreau jaune, si le laboratoire est ainsi éclairé; en d'autres termes, il faut, autant que possible, présenter la tranche de la glace aux rayons éclairants, quels qu'ils soient, au lieu d'en présenter la face, de façon que la lumière ne frappe pas directement sur la couche sensible.

Quand la glace s'est suffisamment égouttée, ce qui demande environ une minute, on la place dans le châssis à épreuves, en ayant le soin de poser en bas le côté par où s'est écoulé l'excédant du liquide. On place derrière la glace un morceau de papier buvard et l'on ferme alors le châssis; on recouvre le bain d'argent, puis on sort du laboratoire en emportant le châssis, et l'on se dirige vers l'appareil pour opérer. Ici nous ferons remarquer que la glace, une fois dans le châssis, ne doit pas être retournée ni changée de position, et que, par conséquent, il faut la transporter verticalement.

Avant d'opérer, il faut vérifier la mise au point, surtout si c'est un portrait que l'on fait ; et dans ce cas on se sert de la crémaillère qui se trouve adaptée à l'objectif et qu'on fait mouvoir à l'aide d'un bouton placé sur le côté. A l'aide de cette crémaillère, on avance ou recule l'objectif jusqu'à ce que les yeux du modèle soient parfaitement nets ; et, quand on est arrivé au point voulu, on rebouche l'objectif en recommandant à la personne qui pose de conserver sa position.

Enlevant alors le châssis à glace dépolie, on le remplace par le châssis à épreuves que, pendant l'opération de la mise au point, on avait déposé *verticalement* le long d'un mur ou d'un appui quelconque; on élève la planchette du châssis pour démasquer la glace sensible, on dit au modèle de ne plus bouger et l'on débouche l'objectif, en ayant bien soin de n'imprimer aucun mouvement à l'appareil et de ne pas poser les mains dessus ni sur le pied.

Combien de temps faut-il poser? Ceci est une question à laquelle il est impossible de répondre d'une manière catégorique. Le temps de pose dépend de la longueur du foyer (plus le foyer est long, plus il faut poser), de l'intensité de la lumière, du diaphragme, s'il y en a un, et de la composition du collodion.

Nous donnerons comme base que, pour faire un portrait convenablement éclairé, en été, vers midi, avec un objectif double pour demi-plaque, en employant le collodion dont nous donnons plus loin la formule, il faut poser de huit à dix secondes. Si le temps est couvert, selon la lumière, la pose peut être doublée ou triplée. Avec un objectif pour quart de plaque, la pose serait environ de moitié ; avec un objectif simple, la pose doit être à peu près le double de celle qu'il faudrait avec un objectif double. Un diaphragme, comme nous l'avons dit, augmente la pose et l'augmente d'autant plus que l'ouverture en est plus petite.

En hiver, les poses sont beaucoup plus longues qu'en été. Pour obtenir un résultat convenable, il ne faut pas opérer de trop bonne heure, ni trop tard. Dans le milieu de la journée, et surtout dans la matinée, on obtient des résultats beaucoup plus constants que vers la fin de la journée ou de trop grand matin. En été, on peut commencer à 7 heures et aller jusqu'à 5 heures et demie, mais nous ferons remarquer que, lorsqu'on arrive vers cette heure-là, les poses deviennent très-longues et n'ont plus de comparaison avec celles du milieu de la journée. En hiver, on ne peut guère commencer avant 9 heures et quelquefois 10 heures, pour finir à 3 heures et quelquefois à 2 heures.

Quand on juge que la pose a été suffisamment prolongée, on rebouche l'objectif à l'aide de l'obturateur et l'on abaisse aussitôt la planchette du châssis. On enlève alors le châssis de l'appareil et on le transporte dans le laboratoire, en ayant soin de le maintenir toujours dans une position verticale.

Étant rentré dans le laboratoire, on pose le châssis le long du mur, et l'on s'apprête à procéder au développement. A cet effet, on prend un verre à expériences (qu'on consacrera à cet usage) et on le remplit de liqueur à développer, appelée aussi *bain de fer;* ensuite on pose sur la grande tablette une des deux terrines. Cette terrine est destinée à recevoir l'excès de liquide qui s'écoule de la glace pendant le développement.

On sort la glace du châssis, puis, la prenant de la main gauche par l'angle gauche du bas, le collodion en dessus, on la tient presque horizontalement, en maintenant cependant le côté qui était au bas du châssis un peu plus bas que l'autre, et de la main droite on verse sur la glace la liqueur à développer.

Ce liquide doit être versé vers le haut de la glace, rapidement et d'un seul coup, de façon à couvrir la glace entièrement, sans laisser de places à sec, car ce seraient autant de taches.

Quand la glace est couverte de la liqueur, on la tient horizontalement pour que le liquide se maintienne à la surface. Si la pose a été convenable, l'image apparaît presque instantanément ; on laisse alors la liqueur agir quelques instants, puis on la fait écouler par un des angles de la glace dans le verre à expériences. On regarde alors par transparence si l'épreuve a l'intensité voulue ; si elle paraît un peu faible, on verse de nouveau à la surface de la glace la liqueur qui a déjà servi ; on la maintient quelques instants sur l'épreuve en tenant celle-ci dans une position horizontale et en l'agitant légèrement dans ce sens, puis enfin on rejette la liqueur dans la terrine et on rince l'épreuve à l'eau filtrée, à l'aide de la carafe à laver.

Si l'épreuve, à ce moment, n'a pas atteint une intensité convenable, la pose a été trop courte, et, dans ce cas, il faut recommencer une autre épreuve en posant davantage.

On peut cependant renforcer une épreuve trop faible ; mais, pour mener à bien cette opération, il faut avoir déjà une certaine habitude des manipulations photographiques, cette opération pouvant amener très-facilement des taches. Nous ne parlerons donc pas du renforçage et nous conseillerons aux débutants de refaire plutôt une autre épreuve que de chercher à en améliorer une mal venue.

Quand il y a eu excès de pose, l'aspect général du cliché est rougeâtre et l'épreuve manque d'opposition entre les noirs et les blancs. Les parties blanches ne sont pas transparentes et les grands noirs manquent d'opacité. Dans ce cas, il n'y a aucun remède.

L'épreuve étant développée, il faut, comme nous l'avons dit, la rincer à l'eau filtrée.

A cet effet, on verse sur l'épreuve, à l'aide de la carafe à laver, un filet d'eau qu'on promène sur toutes les parties, et pour finir on tient la glace horizontalement, en versant l'eau au milieu de la glace et faisant écouler l'excès de liquide par chacun des angles, à tour de rôle.

Il faut éviter de verser de trop haut pour ne pas déchirer la couche de collodion.

Quand l'épreuve est ainsi lavée, on la fixe en procédant de la manière suivante :

On prend le second verre à expériences, on le remplit de liqueur à fixer (hyposulfite de soude), puis, se mettant au-dessus de la terrine destinée à cet usage, on prend la glace de la main gauche en la tenant par un des coins et l'on verse dessus, de la main droite, la liqueur à fixer. Il n'y a là aucune précaution à prendre. On maintient quelques instants le fixatif à la surface de la glace, puis on le reverse dans le verre à expériences ; on verse de nouveau ce liquide sur la glace et l'on recommence cette opération jusqu'à ce que les parties blanches de l'épreuve soient dépouillées, c'est-à-dire soient devenues transparentes, de jaune opalin qu'elles étaient. Quand l'épreuve est complétement dégagée, quand toutes les parties claires sont devenues transparentes, on rince la glace comme nous avons indiqué après le développement ; mais ici il faut que le lavage soit prolongé davantage, afin qu'il ne reste sur la glace aucune trace de fixatif.

Quand l'épreuve est dépouillée, on peut la mettre au jour et, par conséquent, sortir du laboratoire.

L'opération du lavage, après le fixage, peut donc se faire en plein jour. Quant au fixage, il est nécessaire de le faire dans le laboratoire; mais nous rappellerons que cette opération doit se faire dans un coin isolé du laboratoire, afin qu'aucune éclaboussure n'arrive au bain d'argent, ou autre produit, attendu que l'hyposulfite de soude (fixatif) pourrait altérer tous les autres produits. Il faut aussi avoir la précaution de toujours se laver les mains après avoir touché à ce produit.

L'épreuve donc étant lavée, et nous ne saurions trop insister sur l'importance d'un lavage parfait après le fixage, on la met égoutter sur le séchoir (*fig.* 6). On la laisse sécher spontanément, ou bien l'on peut encore la sécher en la passant rapidement au-dessus d'une lampe à alcool, en ayant soin de tenir le côté collodionné en dessus et de ne pas trop approcher la glace de la flamme. L'épreuve négative est alors terminée; c'est ce qu'on appelle un *cliché,* et l'on peut avec cette épreuve négative obtenir autant d'épreuves positives qu'on le désirera, par le procédé que nous décrirons plus loin. Si l'on ne veut tirer que quelques épreuves et effacer le cliché ensuite, il n'est pas nécessaire de le vernir; mais si l'on doit tirer un grand nombre d'épreuves positives, il est préférable de le vernir. A cet effet, on chauffe très-légèrement le cliché à l'aide de la lampe à alcool ou d'une autre source de chaleur, en maintenant le côté collodionné en dessus, et on verse le vernis à la surface de la glace en procédant comme

Fig. 6.

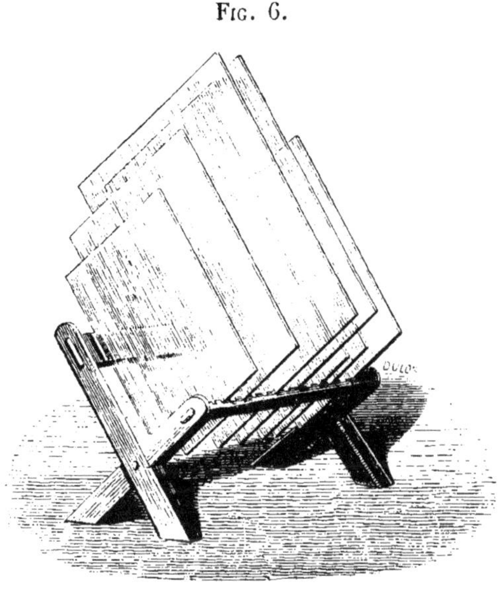

Séchoir.

pour le collodion. Le vernis étant versé, on chauffe ensuite, mais très-légèrement, pour faire sécher le vernis, et on laisse refroidir.

RÉSUMÉ.

Maintenant que nous avons décrit en détail toutes les opérations nécessaires pour obtenir l'épreuve négative, nous allons, pour plus de clarté, résumer succinctement ces opérations en les plaçant dans l'ordre qu'elles doivent suivre :

Nettoyer les glaces ;
Filtrer le bain d'argent ;
Mettre l'appareil au point ;
Transporter dans le laboratoire la glace sur laquelle on veut obtenir l'épreuve ;

Opérations à faire dans le laboratoire

Déboucher le flacon de collodion, ainsi que celui destiné à recevoir l'excédant ;
Passer le blaireau sur la glace ;
Collodionner ;
Sensibiliser, c'est-à-dire plonger la glace dans le bain d'argent ;
Faire égoutter la glace ;
La mettre dans le châssis ;

Transporter vers l'appareil le châssis contenant la glace sensibilisée ;
Vérifier la mise au point ;
Boucher l'objectif ;
Remplacer la glace dépolie par le châssis à épreuves ;
Lever la planchette ;
Recommander, si c'est un portrait, à la personne qui pose de ne plus bouger ;
Déboucher l'objectif ;
Poser plus ou moins de temps selon l'intensité de la lumière ;

Reboucher l'objectif;
Rabattre la planchette ;
Enlever le châssis et le transporter dans le laboratoire ;

Opérations à faire dans le laboratoire.

Verser dans le verre à expériences la quantité voulue de liqueur à développer;
Prendre la glace dans le châssis;
Développer;
Laver;
Fixer;

Laver de nouveau ;
Faire sécher l'épreuve ;
Vernir.

COMPOSITION DES LIQUEURS.

COLLODION.

Pour préparer le collodion, on commence par faire la liqueur suivante, qu'on appelle *collodion normal*. Dans un flacon à ouverture un peu large, on introduit 4 grammes de coton azotique photographique, en ayant soin de bien écarter les fibres de ce coton et de ne l'introduire que par petite quantité à la fois; quand le coton est dans le flacon, on y verse 170 centimètres cubes d'éther à 62 degrés, on bouche et l'on agite pour que le coton s'imprègne bien d'éther; puis on ajoute 130 centimètres cubes d'alcool à 40 degrés. On agite légèrement de temps en temps, jusqu'à ce que le coton soit entièrement dissous, puis on laisse la liqueur reposer.

D'autre part, on verse dans un flacon 40 centimètres cubes d'alcool à 40 degrés, auxquels on ajoute :

	gr
Iodure de cadmium......	1,5
» d'ammonium.....	1,5
Bromure de cadmium.....	0,7

Ces substances doivent être pulvérisées avant d'être introduites dans le flacon.

Quand les sels sont complétement dissous et que le collodion normal est reposé, on mélange alors les deux liqueurs dans les proportions suivantes :

Liqueur ci-dessus....	15 centimètres cubes.
Collodion normal....	85 »

On agite légèrement, on laisse reposer vingt-quatre heures, on décante et l'on obtient ainsi un collodion ioduré pouvant se conserver plusieurs mois sans altération, pourvu que les flacons soient pleins et bien bouchés.

On doit autant que possible laisser reposer le collodion quatre ou cinq jours après sa préparation avant de s'en servir.

La préparation du collodion demande une certaine habitude des manipulations photographiques, et nous n'engageons pas les débutants à composer eux-mêmes leur collodion. On en trouve, du reste, dans le commerce, de très-bon et à des prix n'excédant que très-peu le prix auquel il reviendrait en le préparant soi-même, surtout en opérant sur de petites quantités.

BAIN D'ARGENT NÉGATIF.

La préparation en est des plus simples : dans un flacon en verre jaune, on introduit 300 grammes d'eau distillée et l'on ajoute 21 grammes de nitrate d'argent cristallisé ; on bouche et l'on agite légèrement jusqu'à ce que le sel soit dissous. On ajoute alors $0^{gr},025$ (vingt-cinq milligrammes) d'iodure de potassium réduit en poudre ; la liqueur se trouble d'abord, mais s'éclaircit ensuite. Ce bain est alors prêt à servir : il n'y a qu'à le filtrer au moment d'opérer, comme nous l'avons indiqué.

BAIN DE FER OU LIQUEUR A DÉVELOPPER.

Dans un demi-litre d'eau filtrée, contenue dans un flacon, on ajoute 25 grammes de sulfate de fer pur. Quand le sulfate de fer est dissous, on ajoute

25 centimètres cubes d'acide acétique cristallisable et 25 centimètres cubes d'alcool. On agite légèrement, on filtre, et la liqueur est prête à servir.

LIQUEUR A FIXER.

Dans un flacon à large ouverture, on introduit un demi-litre d'eau filtrée et l'on ajoute 100 grammes d'hyposulfite de soude. On laisse dissoudre, on agite légèrement et on conserve la liqueur pour s'en servir au besoin; il n'est pas nécessaire de la filtrer.

VERNIS.

Dans 100 centimètres cubes d'alcool à 36 degrés, on fait dissoudre au bain-marie 10 grammes de benjoin. Quand la dissolution est opérée, on filtre.

Nous ferons remarquer qu'il est de la plus haute importance pour toutes ces préparations de n'employer que des produits parfaitement purs et préparés spécialement pour la photographie.

ÉPREUVES POSITIVES.

Nous avons dit qu'ayant obtenu l'épreuve négative ou cliché on pouvait, à l'aide de cette épreuve, obtenir un nombre illimité d'épreuves positives;

Fig. 7.

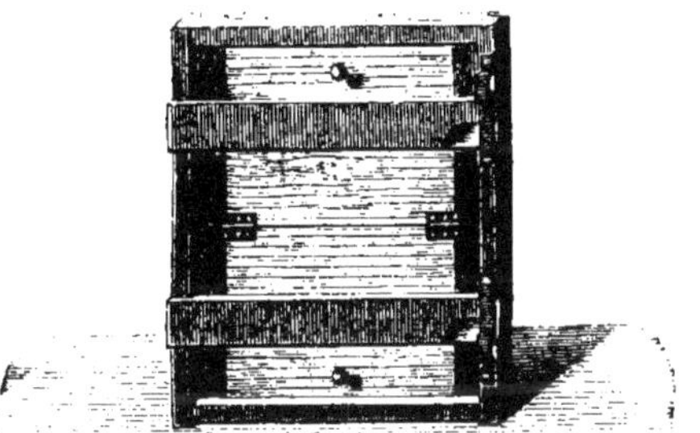

Châssis-presse pour positifs

nous allons donc nous occuper de la manière de procéder pour arriver à ce but.

Voici d'abord quels sont les objets et produits nécessaires :

Un châssis-presse (*fig.* 7);

Trois cuvettes en porcelaine ou gutta pour le

bain d'argent, le bain de virage et le bain de fixage;

Trois cuvettes en zinc, gutta, porcelaine ou bois verni, pour les lavages à l'eau;

Trois pinces en bois ou en corne;

Un flacon en verre jaune contenant le bain d'argent positif, d'au moins, pour quart de plaque, 200 grammes, et pour demi-plaque 300 grammes;

Un entonnoir en verre;

250 grammes d'acétate de soude;

1 kilogramme d'hyposulfite de soude;

1 gramme de chlorure d'or;

Une ou deux douzaines de petites pinces pour suspendre les papiers, dites *pinces américaines;*

Du papier spécial dit *papier positif.*

On trouve dans le commerce un grand nombre de papiers positifs qu'on peut diviser en deux sortes bien distinctes :

1° Le papier salé simple, qu'on emploiera quand on voudra obtenir des épreuves mates;

2° Le papier salé albuminé, qu'on emploiera quand on voudra obtenir des épreuves brillantes. Ce papier donne en même temps plus de finesse à l'épreuve. C'est généralement le papier salé albuminé qui est employé; cela dépend, du reste, du genre de photographie que l'on fait et du goût de l'opérateur.

Les opérations sont les mêmes avec l'un ou l'autre de ces papiers.

Le laboratoire n'est pas nécessaire pour faire les épreuves positives, la préparation et les diverses autres manipulations pouvant se faire le soir, à la lumière d'une lampe ou d'une bougie.

S'étant donc procuré les objets ci-dessus désignés, voici comment on procède :

On commence par couper son papier un peu plus grand que les glaces et plus petit que les cuvettes. Quand le papier (que nous supposons préparé tel qu'on le trouve dans le commerce) est coupé de grandeur convenable, on marque l'envers par une petite croix au crayon dans un des angles de chaque feuille, si c'est du papier salé simple qu'on emploie; si, au contraire, c'est du papier salé albuminé, cette précaution est inutile, le brillant de l'albumine indiquant suffisamment l'endroit; on fait ensuite à chaque feuille une petite corne à un des coins, de façon que cette corne se rabatte à l'envers.

On verse alors le bain d'argent positif dans celle des cuvettes destinée à cet usage, en ayant soin de le filtrer; puis on étend à la surface de ce bain une des feuilles à préparer, en mettant l'endroit du papier en contact avec le bain et en évitant que des bulles d'air viennent s'interposer entre le papier et le liquide; car, dans ce cas, partout où il y aurait des bulles, le papier ne se sensibiliserait pas, et ce seraient autant de places blanches dans l'épreuve. La feuille de papier doit simplement flotter à la surface du bain, et le liquide ne doit pas toucher l'envers de la feuille ; la petite corne ne doit donc pas, par conséquent, être mouillée.

Au bout de deux minutes environ, on relève la feuille en la prenant à l'aide d'une pince en bois ou en corne par le petit coin non mouillé, on l'égoutte au-dessus du bain d'argent, puis on la suspend pour sécher. Le meilleur moyen de faire sécher les feuilles est de les suspendre à une corde tendue à l'aide de petites pinces fabriquées spécialement pour cet usage, et qu'on trouve chez tous les fabricants d'articles pour la photographie.

Il est bien entendu que les opérations de la sensibilisation et du séchage des feuilles doivent se faire à l'abri du jour, soit dans le laboratoire si l'on travaille dans la journée, soit le soir à la lumière d'une lampe ou d'une bougie. La couche sensible qui se forme à la surface du papier positif est beaucoup moins impressionnable que la couche négative, et par conséquent craint beaucoup moins la lumière. La lumière d'une lampe est sans effet sur le papier positif sensible, et, quant au jour, il suffit de le faire passer au travers d'un verre jaune, même peu intense, ou d'un papier transparent de même couleur, pour que son action soit nulle sur ce papier.

Les feuilles préparées étant bien sèches sont mises à l'abri du jour et de l'humidité dans un cahier de papier buvard ne servant qu'à cet usage, et l'on doit s'en servir le plus tôt possible, ce papier ne se conservant guère que vingt-quatre heures sans s'altérer. Au bout de ce temps, il jaunit et ne peut plus donner que de mauvaises épreuves; il ne faut donc préparer à la fois que la quantité qu'on a l'intention d'employer le lendemain.

Tout le papier nécessaire étant préparé et séché, on peut commencer le tirage des épreuves positives. A cet effet, on place dans le châssis-presse le cliché, la face collodionnée en dessus, et, par-dessus le cliché, on pose une feuille de papier sensibilisé, le côté sensibilisé en contact avec la face collodionnée. On pose par-dessus plusieurs feuilles de papier buvard, puis la planchette pliante, et on rabat les presses. On expose alors le châssis au soleil, ou, à défaut de soleil, à une très-forte lumière diffuse. Au bout d'un certain temps, qui varie selon l'intensité de la lumière, c'est-à-dire, en été au soleil au bout de cinq minutes, à l'ombre au bout de dix minutes, on se retire avec le châssis dans un endroit un peu obscur, et là, décrochant une des presses et soulevant un côté de la planchette pliante, on regarde à quel point en est l'épreuve. Si on la trouve venue avec l'intensité qu'on désire qu'elle ait quand elle sera terminée, on referme le châssis et on l'expose de nouveau à la lumière, à peu près la moitié du temps qu'il y est déjà resté exposé. Cela est nécessaire pour compenser l'affaiblissement que subira l'épreuve dans les opérations subséquentes. On peut examiner de nouveau l'épreuve et voir si elle est venue à point avant de la retirer du châssis. On ne l'enlève définitivement que lorsqu'on s'est assuré qu'elle est assez vigoureuse. Ce n'est que par l'habitude qu'on arrive à arrêter l'action de la lumière en temps voulu; dans le début, on laisse souvent l'épreuve trop ou trop peu de temps exposée à la lumière; mais, au bout de quelques essais, on se familiarise avec cette opération, et l'on en acquiert bien vite la routine.

Quand on juge à propos de retirer l'épreuve, on emporte le châssis dans un endroit obscur, on décroche les deux presses, on enlève la planchette pliante et les feuilles de buvard, puis enfin l'épreuve, que l'on place dans un cahier de papier buvard affecté à cet usage.

Lorsque le tirage des épreuves positives est terminé et qu'elles sont toutes placées dans le cahier de papier buvard, on attend jusqu'au soir si l'on n'a pas de laboratoire, ou, dans le cas contraire, on se rend dans le laboratoire et l'on procède de la manière suivante :

On plonge les épreuves dans un baquet ou grand vase quelconque rempli d'eau ordinaire, on les y laisse quelques instants, puis on les passe dans une cuvette contenant aussi de l'eau ordinaire, qu'on renouvelle quand on y a passé quatre ou cinq épreuves. Les épreuves étant égouttées, puis épongées à l'aide de papier buvard neuf, sans cependant les sécher complétement, sont immergées une à une dans le bain suivant, où on les retourne à l'aide d'une pince en bois ou en corne :

Eau distillée............	1 litre.
Acétate de soude.	20 grammes.
Chlorure d'or...	1 gramme.

On appelle ce bain *bain de virage.*

Ce mélange doit être préparé la veille et abandonné à lui-même pendant vingt-quatre heures avant de servir.

Quand les épreuves sont dans ce bain, elles changent de ton, et il s'agit de les retirer quand elles sont arrivées à la nuance qu'il est nécessaire d'atteindre. Là encore, c'est par l'habitude qu'on arrive à saisir le point précis. Néanmoins, après quelques tâtonnements, on arrivera à connaître la nuance convenable.

On ne peut guère donner d'indications pour guider le débutant dans cette opération; cependant nous ferons remarquer que, lorsque l'épreuve est arrivée à la nuance qu'on désire qu'elle ait étant terminée, il faut la laisser encore quelque temps dans le bain afin qu'elle dépasse un peu cette nuance, le fixage modifiant toujours un peu la teinte obtenue au virage.

Les épreuves étant virées, on les passe dans une cuvette remplie d'eau filtrée, puis, sans attendre qu'elles soient sèches, on les plonge dans le bain suivant :

Eau filtrée..........	1 litre.
Hyposulfite de soude.....	250 grammes.

Ce bain est le *bain de fixage.*

On laisse les épreuves dans ce bain pendant dix à quinze minutes, en ayant le soin de les retourner trois ou quatre fois pendant ce temps à l'aide d'une pince en bois ou en corne. Au sortir du bain de fixage, les épreuves sont plongées dans une cuvette remplie d'eau ordinaire qu'on renouvelle au bout d'un quart d'heure; puis on continue de les laver à l'eau filtrée pendant cinq à six heures, en changeant l'eau de demi-heure en demi-heure.

Le lavage parfait des épreuves positives est d'une grande importance, car une épreuve insuffisamment lavée jaunirait au bout de peu de temps et finirait par disparaître presque complétement.

Les lavages qui suivent le fixage peuvent se faire en plein jour.

Les épreuves positives étant convenablement lavées, il ne reste plus qu'à les couper régulièrement et les coller sur du bristol. Quand on emploie le papier albuminé, il est bon de ne pas laisser sécher complétement les épreuves avant de les coller, attendu qu'étant sec le papier albuminé se roule sur lui-même et devient très-difficile à coller.

RÉSUMÉ DES OPÉRATIONS CONCERNANT L'ÉPREUVE POSITIVE.

Tailler le papier ;

Opérations à faire à l'abri de la lumière blanche.
- Le sensibiliser ;
- Le sécher ;
- Garnir le châssis positif d'une feuille préparée ;

Exposer à la lumière ;
Vérifier la venue de l'épreuve ;

Opérations à faire à l'abri de la lumière blanche.
- Retirer la feuille impressionnée ;
- Laver l'épreuve à deux eaux ;
- Plonger dans le bain de virage ;
- Laver ;
- Plonger dans le bain de fixage ;

Laver pendant cinq à six heures en changeant l'eau fréquemment ;
Sécher et coller sur bristol.

COMPOSITION DU BAIN D'ARGENT POUR ÉPREUVES POSITIVES.

Pour faire le bain d'argent pour positifs, il suffit de faire dissoudre dans 200 centimètres cubes d'eau distillée 24 grammes de nitrate d'argent cristallisé. Aussitôt que le sel est dissous, le bain d'argent est prêt à servir.

Quand le bain d'argent positif a servi pendant quelque temps pour sensibiliser du papier albuminé, il prend une certaine coloration qui pourrait teinter le papier; mais on la fait disparaître facilement en jetant un peu de kaolin en poudre dans le flacon contenant le bain, agitant et filtrant.

OBSERVATION.

Le bain de virage que nous avons indiqué ne sert qu'une fois; il ne faut donc préparer que la quantité nécessaire pour les épreuves que l'on doit faire le lendemain.

Quant au bain de fixage, on peut en préparer de grandes quantités à l'avance sans inconvénient, mais il ne faut en prendre que la quantité nécessaire pour fixer le nombre d'épreuves que l'on vient de faire, car le bain qui a servi pour une séance de fixage ne peut plus être utilisé de nouveau; il faut le jeter, ou mieux le mettre aux résidus si on les conserve.

PRÉPARATION DU PAPIER POSITIF.

Le papier positif salé simple se prépare en faisant flotter la feuille de papier sur un bain composé de

Eau filtrée.........	100 centimètres cubes.
Chlorure de sodium.	2 grammes.

Au bout de cinq minutes, on relève la feuille et on la fait sécher. Il faut avoir soin d'éviter l'interposition des bulles d'air en exposant le papier sur le bain; il faut aussi avoir la précaution de marquer d'un signe quelconque l'envers du papier.

On trouve, du reste, chez les marchands spéciaux d'articles pour la photographie des papiers positifs très-bien préparés, et nous n'engageons nullement les commençants à préparer eux-mêmes leur papier positif. Quant au papier salé albuminé, il présente certaines difficultés de préparation et ne peut se faire régulièrement et avantageusement qu'en opérant sur de grandes quantités, et c'est ce genre de papier surtout qu'il faut se dispenser de préparer soi-même.

TABLE DES MATIÈRES.

Pages

AVANT-PROPOS. 5

NOTIONS PRÉLIMINAIRES. 7

Épreuves négatives.

Matériel et produits chimiques. 10

Cabinet noir. 18

Atelier. 20

Installation générale. 23

Opérations préliminaires. 26

Manière d'opérer. 29

Résumé. 43

COMPOSITION DES LIQUEURS 45

Collodion. 45

Bain d'argent négatif. 47

Bain de fer ou liqueur à développer. 47

Pages.

Liqueur à fixer.. 48

Vernis.. 48

Épreuves positives.

Matériel et produits chimiques.. 49

Détail des opérations.. 51

Résumé des opérations concernant l'épreuve positive....... 57

Composition du bain d'argent pour épreuves positives...... 57

Observation sur le bain de virage et le bain de fixage....... 58

Préparation du papier positif.. 58

Table des matières.. 61

FIN.

LIBRAIRIE DE GAUTHIER-VILLARS,

QUAI DES AUGUSTINS, 55, A PARIS.

OUVRAGES

SUR LA

PHOTOGRAPHIE(*).

ANNUAIRE PHOTOGRAPHIQUE, par *A. Davanne.* 5 volumes in-18, années 1865 à 1869.

On vend séparément chaque volume :

Broché.................... 1 fr. 75 c.
Cartonné.................. 2 fr. 25 c.

BARRESWIL et DAVANNE. — Chimie photographique, contenant les éléments de Chimie expliqués par des exemples empruntés à la Photographie; les procédés de Photographie sur glace (collodion humide, sec ou albuminé), sur papiers, sur plaques; la manière de préparer soi-même, d'essayer, d'employer tous les réactifs, d'utiliser les résidus, etc.; 4e édition, revue, augmentée et ornée de figures dans le texte. In-8; 1864. 8 fr. 50 c.

BELLOC (A.). — Traité théorique et pratique de Photographie sur collodion, suivi d'Éléments de Chimie et d'Optique appliqués à cet art. In-8; 1854....... 2 fr.

BELLOC (A.). — Photographie rationnelle, Traité complet théorique et pratique. Applications diverses;

(*) La Librairie Gauthier-Villars s'est rendue acquéreur, en février 1873, des Ouvrages sur la Photographie, qui formaient le fonds de l'ancienne Librairie Leiber (rue de Seine, nº 13). Le présent Prospectus contient à la fois ces Ouvrages et ceux qui figuraient déjà sur le Catalogue de la Librairie Gauthier-Villars

*

Ouvrage précédé de l'histoire de la Photographie et suivi d'Éléments de Chimie appliquée à cet art. In-8; 1862. 5 fr.

BELLOC (**A.**). — **Code de l'opérateur photographe.** In-18; 1860 .... 1 fr.

BELLOC (**G.**). — **Photographie, procédé sur verre et sur papier**, verre opale, mat et brillant; coloris instantané; coloris brésilien; retouche du cliché. In-12, avec planche; 1869.. 1 fr.

BLANQUART-ÉVRARD. — **Intervention de l'art dans la Photographie.** In-12 avec une photographie; 1864.. 1 fr. 50 c.

BRÉBISSON (de). — **Traité complet de Photographie sur collodion.** Répertoire de la plupart des procédés connus. In-8; 1855.. 5 fr.

BULLETIN DE LA SOCIÉTÉ FRANÇAISE DE PHOTOGRAPHIE, rédigé par la Société française de Photographie, paraissant depuis l'année 1855. Mensuel.

Prix de l'abonnement par an :

Pour Paris et les Départements........ 12 fr.
Pour l'Étranger........................ 15 fr.

On peut se procurer à la même Librairie les ANNÉES ANTÉRIEURES, sauf les années 1855 et 1856, au prix de 12 fr. l'une, et les NUMÉROS SÉPARÉS au prix de 1 fr.; ainsi que la *Table des matières et des noms d'auteurs* des tomes I à X (1855-1864) au prix de 1 fr. 50 c.

CONSTANT (**A. de**). — **Le Collodion à sec mis à la** portée de tous par un procédé simple et nouveau. In-8, avec figures; 1873.. 2 fr.

CORDIER (**V.**). — **Les insuccès en Photographie; causes et remèdes**; 2e édition, refondue et augmentée, avec figures. In-12; 1868........................ 1 fr. 25 c.

DAVID, dit LENGLET (**H.**). — **Nouvelle méthode de Peinture** à l'aquarelle et à l'huile, appliquée uniquement aux *portraits photographiés petites dimensions et agrandis.* In-8; 1867.. 2 fr.

DESPAQUIS. — **Photographie au Charbon.** (Gélatine et Bichromates alcalins.) In-18 jésus; 1866. 1 fr. 50 c.

DUMOULIN. — **Manuel élémentaire de Photographie au collodion humide.** In-18 jésus, avec figures, 1874.
1 fr. 50 c.

FOUQUE (V.), Correspondant du Ministère de l'Instruction publique. — **La Vérité sur l'invention de la Photographie. — Nicéphore Niepce, sa vie, ses essais et ses travaux,** d'après sa correspondance et autres documents inédits. In-8, avec planches photolithographiques reproduisant diverses pièces authentiques; 1867. 6 fr.

GAUDIN (Marc-Antoine). — **Vade-Mecum de Photographie.** Notice abrégée du Daguerréotype et de la Photographie sur papier avec un répertoire de Chimie et de Physique et un formulaire. In-12; 1861......... 4 fr.

LA BLANCHÈRE (H. de). — **Monographie du stéréoscope et des épreuves stéréoscopiques.** Seul Ouvrage complet résumant tout ce qui a été écrit sur le stéréoscope. In-8, avec figures...................... 5 fr.

LALLEMAND. — **Nouveaux procédés d'impression autographique et de photolithographie.** In-12; 1867.
1 fr. 50 c.

LEREBOURS et SECRÉTAN. — **Traité de Photographie.** 5e édition, entièrement refondue, contenant tous les perfectionnements trouvés jusqu'à ce jour, appareil panoramique, différence des foyers, gravure Fizeau, etc. In-8, avec figures; 1846........ 2 fr. 50 c.

LIEBERT (A.). — **La Photographie en Amérique**, ou Traité complet de Photographie pratique par les procédés américains sur glace, papier, toile à tableaux, toile caoutchouc, plaques mélainotypes pour médaillons, etc., contenant les découvertes les plus récentes, les procédés et la description des appareils américains. In-8, avec figures; 1864............................. 7 fr. 50 c.

MONCKHOVEN (Van). — **Nouveau procédé de Photographie sur plaques de fer,** et notice sur les vernis photographiques et le collodion sec. In-8; 1858.
3 fr.

MOTTEROZ, ouvrier imprimeur typographe. — **Essais sur les Gravures chimiques en relief.** In-8, avec deux gravures spécimen; 1871................. 2 fr. 50 c.

Les gravures chimiques, dont l'emploi sur une large

échelle pourrait donner un si grand élan à la production artistique et littéraire, sont malheureusement peu connues. Les inventeurs ont bien publié quelques détails sur leurs procédés ; mais ces renseignements, fort incomplets du reste, sont épars dans différentes publications. L'auteur a donc rendu un service réel en donnant une analyse méthodique de tout ce qui paraît pratique dans les nouveaux procédés, et en y ajoutant un grand nombre de renseignements inédits.

PERROT DE CHAUMEUX (L.). — **Premières leçons de Photographie.** In-12, avec fig. ; 2ᵉ éd.

PHIPSON (le Dʳ). — **Le préparateur photographe,** ou Traité de Chimie à l'usage des photographes et des fabricants de produits photographiques. In-12, avec figures ; 1864.............................. 4 fr.

RUSSEL (C.). — **Le Procédé au Tannin,** traduit de l'anglais par M. *Aimé Girard.* 2ᵉ éd., renfermant la description des nouveaux procédés de préparation, de développement, etc. In-18 jésus, av. fig. ; 1864. 2 fr. 50 c.

TESTELIN. — **Essai de Théorie sur la formation des images photographiques rapportée à une cause électrique.** Les figures roriques, les figures magnétiques, la thermographie, etc. In-8 ; 1860........... 3 fr. 50 c.

TESTELIN. — **Nouveaux procédés pour l'amplification des Photographies et pour les Portraits de grande dimension.** In-8, avec une planche ; 1861....... 2 fr.

LIBRAIRIE DE GAUTHIER VILLARS,
Quai des Augustins, 55.

PETIT TRAITÉ
DE PHYSIQUE,

À L'USAGE

DES ÉTABLISSEMENTS D'INSTRUCTION,
DES ASPIRANTS AUX BACCALAURÉATS ET DES CANDIDATS
AUX ÉCOLES DU GOUVERNEMENT,

PAR M. J. JAMIN,
Membre de l'Institut, Professeur à l'École Polytechnique
et à la Faculté des Sciences de Paris.

In-8, avec nombreuses figures dans le texte; 1870.
Prix : 8 francs.

Depuis le commencement de ce siècle, la Physique a été renouvelée dans son ensemble. Fresnel a établi la Théorie de la Lumière, Ampère celle du Magnétisme; l'étude des vibrations sonores a été considérablement accrue; on a reconnu que l'ensemble des radiations émises par les corps échauffés se distingue par des réfrangibilités croissantes, non par des changements de nature et d'essence, et que par conséquent les diverses chaleurs rayonnantes, les lumières ou couleurs différentes et les rayons chimiques, ne sont que les notes distinctes d'une série de gammes, et ne diffèrent que par leur durée de vibration. Dans les dernières années enfin, on a démontré qu'un nombre donné de calories peut se transformer en une quantité équivalente de travail mécanique et réciproquement, et que la chaleur, autrefois appelée *statique* et considérée comme un fluide, n'est autre chose que la somme des forces vives qui animent les molécules des corps chauffés. L'ensemble de ces remarquables progrès a fait justice d'anciennes hypothèses, et la Physique n'est plus ou ne sera bientôt plus qu'une Mécanique rationnelle où les forces naturelles exercent leur action sur les substances pesantes et sur un milieu spécial et unique, qui se nomme l'*éther*.

Cependant les Traités élémentaires semblent prendre à tâche de dissimuler ces idées générales, et de se contenter de détails sans liaison : le Magnétisme est toujours présenté comme dépendant d'un fluide; la Chaleur est réduite à des notions empiriques, on professe qu'elle se dissimule et devient *latente;* la Chaleur rayonnante est prise comme distincte de la Lumière, et l'on ne dit rien de la Théorie optique. — Le Livre élémentaire que nous offrons aujourd'hui au public est conçu dans un esprit différent. Dès les premiers mots l'Auteur démontre que la Chaleur est un mouvement moléculaire, et cette idée guide ensuite le lecteur dans toutes les expériences, et les explique. La Terre et les aimants n'étant que des solénoïdes, on fait dépendre le Magnétisme de l'Électricité. L'Acoustique montre dans leurs détails les vibrations longitudinales, transversales, circulaires et elliptiques; elle prépare à l'Optique. Cette dernière Partie enfin est l'étude des vibrations de toute sorte qui se produisent dans l'éther; les interférences et la polarisation sont expliquées de la manière la plus élémentaire, et la théorie vibratoire est rendue accessible à tous.

L'Auteur espère que les modifications qu'il propose dans l'enseignement de la Physique seront approuvées par ses Collègues, et qu'elles seront profitables aux Elèves en les délivrant de ce que les savants ont abandonné, en élevant leur esprit jusqu'à de plus hautes conceptions, en leur montrant l'ensemble philosophique d'une science déjà très-avancée et qui semble toucher à son terme.

LIBRAIRIE DE GAUTHIER-VILLARS,
Quai des Augustins, 55.

ÉTUDES ET LECTURES
sur
LES SCIENCES D'OBSERVATION
ET LEURS APPLICATIONS PRATIQUES,

PAR M. BABINET,
Membre de l'Institut (Académie des Sciences).

Chaque volume se vend séparément : 2 fr. 50 c.

1er VOLUME. — Sur les Mouvements extraordinaires de la mer. — Les Comètes au XIXe siècle. — La Télégraphie électrique. — L'Astronomie en 1852 et 1853. — Astronomie descriptive. — La Perspective aérienne. — Le Stéréoscope et la vision binoculaire. — Voyage dans le ciel.

2e VOLUME. — Les Tables tournantes et les manifestations prétendues surnaturelles. — L'Électricité ouvrière. — La Sibérie et les climats du Nord. — Influence des courants de la mer sur les climats, — sur les tremblements de terre et sur la constitution intérieure du globe. — Bulletin de l'Astronomie et des Sciences pour 1853 et 1854. — De l'Arrosement du globe. — Des Tables tournantes au point de vue de la Mécanique et de la Physiologie. — La Météorologie en 1854 et ses progrès futurs.

3e VOLUME. — Du Diamant et des pierres précieuses. — Des Phares et de la Lumière artificielle. — Physique du globe. — Quillebœuf. — La Méditerranée. — De la Pluralité des mondes.

4e VOLUME. — La Terre avant les époques géologiques. — De la Constitution intérieure du globe terrestre et des Tremblements de terre. — De la Pluie et des Inondations. — L'Astronomie en 1855. — Les Saisons sur la terre et dans les autres planètes. — Sur les Progrès naissants de la Galvanoplastie. — De l'Application des Mathématiques transcendantes. — La Vie aux divers âges de la Terre. — Des Eaux minérales et de la Chaleur centrale de la Terre.

5e VOLUME. — Sur la Sécheresse, les Irrigations e'

les Reboisements. (Séance des cinq Académies, 1858.) — XIX Articles sur l'Astronomie et la Météorologie.

6e VOLUME. — Aimant et Magnétisme terrestre. — Océan islandais. — Théorie physique des Vêtements. —XIII Articles sur l'Astronomie et la Météorologie

7e VOLUME. — Pierres précieuses. — Télégraphie électrique et sous-marine. — Comètes. — *Astronomie et Météorologie :* Visites à la mer. — Lune rousse. — Service météorologique des ports de France. — Les Perturbations célestes et celles de la Lune. — Lumière cendrée de la Lune. — Éclairage, chauffage, arrosement, productions du globe, sa météorologie. — Note sur quelques actualités scientifiques.

8e VOLUME. — Distance de la Lune au Soleil. — Expériences de M. Léon Foucault. — Prédictions de M. Mathieu de la Drôme. — Couleurs des astres; teintes du Soleil couchant. — Scintillation des étoiles. — Navigation aérienne; ballons et hélices; vol mécanique; aviation. — Homère observateur maritime. — Drainage et Fontaines artificielles. — Tremblements de terre. — Sur la Physique du globe. — Sur les Courants ou plutôt sur les Circuits des mers.

NOTICE

SUR L'APPAREIL

D'INDUCTION ÉLECTRIQUE

DE RUHMKORFF,

et les expériences qu'on peut faire avec cet instrument;

PAR LE COMTE DU MONCEL.

In-8, 3e édition; avec nombreuses figures dans le texte; 1867.................... ... 7 fr. 50 c.

1152.—Paris Imp. GAUTHIER-VILLARS, quai des Augustins, 55.

TYNDALL (**J.**). — **Le Son**. Cours expérimental fait à l'Institution Royale; traduit de l'anglais par M. l'abbé *Moigno*. Un beau vol. in-8, avec 171 fig. dans le texte; 1869...... 7 fr.

M. Tyndall a voulu rendre la science de l'Acoustique accessible à toutes les personnes intelligentes, en y comprenant celles qui n'ont reçu aucune instruction scientifique particulière. « J'ai traité, dit-il, mon sujet d'une manière tout à fait expérimentale, et j'ai cherché à placer tellement chaque expérience sous les yeux et dans la main du lecteur, qu'il puisse la réaliser lui-même ou la répéter. Mon désir et mon but ont été de laisser dans l'esprit des images si nettes des divers phénomènes de l'Acoustique, qu'ils les saisissent et les voient dans leurs rapports réels. »

La traduction de ces Leçons a été laborieuse; elle présentait des difficultés plus qu'ordinaires en raison peut-être de la perfection du texte anglais. M. l'abbé Moigno croit les avoir vaincues, et il se déclare largement récompensé d'une fatigue de quelques mois, autant par le mérite intrinsèque du livre de M. Tyndall que par les services qu'il est appelé à rendre.

Le Son est digne de sa sœur aînée *La Chaleur*, si recherchée et si admirée; il l'emporte même sur elle au point de vue de l'enseignement. *La Chaleur*, en effet, est une œuvre d'art qui met en jeu une foule d'idées neuves et fécondes, mais elle ne peut être considérée comme un ouvrage classique. *Le Son*, au contraire, est parfait au point de vue d'un cours. Il serait impossible de mieux choisir, de mieux décrire, de mieux exécuter les expériences nécessaires à la manifestation des faits et à la détermination des lois qui les régissent. Il sera lu à la fois avec un vif intérêt par les professeurs et par tous les amis de la science claire et pratique.

M. Tyndall a bien voulu dire qu'au point de vue de la typographie, et grâce aux bons soins de M. Gauthier-Villars, l'édition française surpassait l'original. Il a rendu aussi hommage à l'habileté de son traducteur, à la bonne pensée qu'il a eue d'enrichir sa traduction d'une Préface, et d'un Appendice aussi précieux que plein d'intérêt.

La Préface est à la fois historique, technique, philosophique; elle prouvera que les questions d'Acoustique ont longtemps occupé M. l'abbé Moigno, et qu'il était par conséquent bien préparé à la traduction qu'il devait entreprendre. L'Appendice, assez long, est une énumération rapide, mais suffisante, des faits et des instruments qu'il a paru utile d'ajouter à ceux que M. Tyndall a si bien décrits et démontrés. On y trouvera le résumé complet de la série des expériences de M. Regnault, de l'Institut, sur la propagation des ondes sonores.

La traduction française, dont toutes les épreuves ont été revues par l'auteur, est encore plus complète à un autre point de vue : la huitième leçon a son sommaire comme les sept autres, et la table alphabétique des matières a été refaite avec beaucoup de soin et d'attention.

LIBRAIRIE DE GAUTHIER-VILLARS,
Quai des Augustins, 55.

ENVOI FRANCO PAR LA POSTE DANS TOUTE LA FRANCE.

LA CHALEUR,

MODE DE MOUVEMENT;

PAR JOHN TYNDALL, F.R.S,

Professeur de Philosophie naturelle à l'Institution royale de la Grande-Bretagne.

2e ÉDITION FRANÇAISE
TRADUITE DE L'ANGLAIS, SUR LA 4e ÉDITION,
PAR M. L'ABBÉ MOIGNO.

Un beau volume in-18 jésus de XXXII-576 pages, avec 110 figures dans le texte; 1874. — Prix : 8 francs.

Extrait de la PRÉFACE du Traducteur.

M. Tyndall est un professeur accompli, limpide, éloquent; ce talent incomparable se reflète dans son Livre et lui donne un attrait extraordinaire. En relisant les éditions successives de la *Chaleur*, et surtout la quatrième, la dernière, je me demandais sans cesse si la physique de M. Tyndall était bien la physique de ses prédécesseurs et de ses contemporains, si elle n'est pas plutôt une véritable création, une invention merveilleuse, un élan de génie. Tout, la conception, la distribution, le raisonnement, l'expérience, a un caractère d'originalité, de spontanéité qui vous saisit et vous transporte. Jamais l'esprit d'analyse et de synthèse n'avait brillé d'un éclat plus vif et plus pur : c'est le beau idéal de la science et de l'enseignement. En outre, parce que, dans la nature physique, il n'y a que matière et mouvement, que tous les phénomènes physiques ne sont que des modes de mouvement, identiques ou analogues au mode de mouvement qui constitue la chaleur, il en résulte que le livre de M. Tyndall est une encyclopédie complète des sciences physiques, dans laquelle les faits fondamentaux de la Mécanique, de l'Astronomie, de la Chimie, ont trouvé forcément leur place, leur interprétation, leur explication, leur analyse et leur synthèse. A ce titre, il devient le Livre de tous, que devront lire, relire, apprendre presque par cœur tous ceux qui aspirent à être au niveau de la science de leur temps.

1145 Paris. — Imp. de GAUTHIER-VILLARS, quai des Augustins, 55.

www.ingramcontent.com/pod-product-compliance
Ingram Content Group UK Ltd.
Pitfield, Milton Keynes, MK11 3LW, UK
UKHW020951180726
13838UKWH00003B/1260

9 782329 471426